EXAMEN DES SCYTHES,

TRAGÉDIE

DE M. DE VOLTAIRE.

Dicere verum quid vetat?

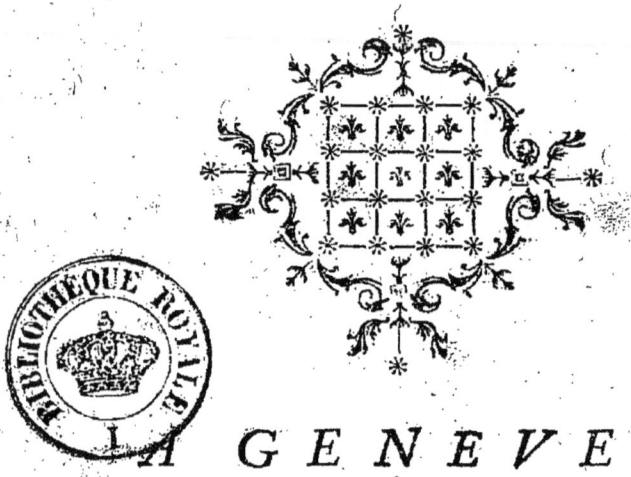

A GENEVE,

Et se trouve à PARIS,

Chez PASCHAL PRAULT, Libraire, rue du Petit
Pont, au bas de la rue S. Jacques & près la rue
Galande, à l'Amour des Sciences.

M. DCC. LXVII.

EXAMEN DES SCYTHES;

TRAGEDIE.

DE M. DE VOLTAIRE.

L'ANNONCE de ce Poëme dramatique jetta la rumeur dans l'Empire Littéraire. Une *Tragédie*, les *Scythes*, le nom de *Voltaire*; que de motifs de curiosité & d'intérêt? Admirateur de ce grand Homme, mais sans enthousiasme, (monstre destructeur du bon goût) j'attendis en silence. Je me défiai des plaisanteries d'un Journaliste. Je vis cette Tragédie assez mal représentée: cependant je goûtai le plaisir des ames sensibles, je versai des larmes. J'attendis encore; elle a enfin paru au grand jour. Il faut l'avouer, elle ne le soutient pas, c'est un enfant de la vieillesse. Nous sommes devenus difficiles, il est vrai; mais si c'est un défaut, M. de Voltaire doit nous le pardonner, il n'y a pas peu contribué. Quoi qu'il

A ij

en soit, j'écrivis mes Observations : j'allois les publier, lorsque je me rappellai la fable du lion malade; je rougis presque de mon audace, & je me tus. Mes craintes se sont dissipées, elles m'ont paru vaines & puériles; car je peux m'être trompé, & d'ailleurs jamais la réputation de Corneille ne dépendit de Pertharite. O vous! qui craignez d'avouer la chute d'un vieillard, querellez plutôt la nature qui a marqué les âges de l'esprit en l'unissant à un corps que le tems mine & détruit. Non, la Tragédie des *Scythes*, n'est pas un chef-d'œuvre, il s'en faut beaucoup ; mais elle a des beautés de détail où l'on reconnoît encore la touche de Voltaire : la vieillesse est causeuse ; quelquefois elle cause froidement, mais quelquefois aussi elle montre une vigueur qui devroit bien piquer d'émulation la jeunesse d'aujourd'hui : elle est toujours respectable, & si jamais vieillard mérita d'être écouté, c'est sans doute celui qui dans son printems fut le chantre de Henri IV. Cet athléte étonnant couronné dans cent combats, a depuis long-tems marqué sa place dans le temple de l'Immortalité. M. de Voltaire a assez vécu pour sa gloire, le repos paroît fait pour lui, j'en conviens ; mais est-ce là l'homme.... Chacun a son optique, j'avoue que c'est pour moi un spectacle intéressant, de voir cet illustre champion enflammé d'un noble courage, ranimer ses forces, disputer le champ, accuser les glaces de l'âge & tomber de fatigue au milieu de sa course. Cette chute nous fera-t-elle oublier quarante ans de victoires & de triomphes ? Nous serions des ingrats. Loin de moi les détours caustiques, je les abhorre ; mais je crois qu'on peut trouver des fautes dans la *Tragédie des Scythes*, sans mériter le titre infame d'*envieux*, dont un Poëte du Mercure semble avilir quiconque osera la critiquer. Oui, j'ose dire ce que j'en pense, *Quid vetat?*

DES SCYTHES.

PLAN.

Sozame, ancien Général Perſan & proſcrit, s'eſt retiré en Scythie, depuis quatre ans. Il marie ſa fille *Obéide* à *Indatire*, fils d'*Hermodan*, habitant d'un canton de Scythie. *Athamare*, Prince du ſang royal de Cyrus, dont la paſſion a fait les malheurs de Sozame, & que l'amour & les remords conduiſent en Scythie, apprend le mariage d'Obéide, dont le cœur brûle pour ſon amant. Furieux, aveugle, il propoſe un combat à Indatire, il le tue; mais il eſt pris & chargé de chaînes. Suivant une loi des Scythes, Obéide ſe voit forcée de ſacrifier le meurtrier aux mânes de ſon époux, mais prête à immoler Athamare, elle s'immole elle même.

RÉFLEXIONS

SUR CE PLAN.

On voit répandu dans cette eſquiſſe les germes des ſituations, des ſentimens pathétiques qui doivent animer le tableau: il mérite le pinceau de Raphaël. Une violente paſſion, malheureuſe dans un cœur vertueux, voilà un ſujet digne de la majeſté ſombre du Cothurne. Le cœur d'Obéide combattu par l'amour tyrannique, & le devoir ſévere eſt une ſource féconde de pitié & de terreur. Réduite à tuer ſon amant, quel tableau! ſi l'art employe ſes reſſources. Ajoutons le contraſte intéreſſant des mœurs ſimples & fieres des Scythes & celles des Perſans faſtueux & corrompus, quels tableaux encore & quel coloris ne devons-nous pas attendre!

Examinons actuellement l'exécution, voyons-en les beautés & les défauts, en nous appuyant ſur les principes de l'art & pour cela souvenons-nous que la Tragédie est un Poëme dramatique, où le contraste des caractères vraiment nobles, bien frappés & soutenus avec chaleur, prépare & conduit une action, dont la peinture correcte, vive & naturelle, produit ces émotions successives & graduées de pitié & de terreur qui font couler ces larmes si délicieuses pour les cœurs sensibles. Voilà la perfection de l'art, & ces pleurs arrosent les lauriers du Poëte, qui a disparu en se cachant habilement sous le voile de la Nature.

ACTE PREMIER.

SCENE PREMIERE. Hermodan demande à son fils qui sont ces étrangers qu'on a vu arriver dans le Canton. Indatire dit que ce sont des Persans; mais ils viennent en amis.

Ce jour, n'en doutez point, nous est un jour prospère:
Ils pourront voir nos jeux & nos solemnités,
Les charmes d'Obéide & mes félicités.

On diroit que le mariage d'Obéide est arrêté pour ce jour-là; cependant, comme on verra, rien n'est plus incertain. Tout se brusquoit apparemment dans le pays Scythe; je me trompe : le Poëte vouloit fournir un Acte avant le mariage d'Obéide. On l'a mille fois remarqué, la loi de cinq Actes, si elle fut jamais portée, est ridicule; en étendant l'action, elle l'énerve, elle en affoiblit les ressorts, les mouvemens languissent. Hermodan approuve l'amour de son fils, mais il témoigne son inquiétude sur le silence de Sozame, qui depuis quatre ans, ne s'est pas fait connoître,

Et puis-je abandonner ton cœur trop prévenu
Au sang d'un étranger qui craint d'être connu.

Indatire fait l'éloge d'Obéide & de Sozame, mais Hermodan veut au moins lui parler.

SCENE II. Sozame arrive en versant des pleurs; ils sont, dit-il, & je ne sai pourquoi, *de tendresse*, il ne veut point gêner sa fille sur son hymen, il approuvera ce qu'elle aura décidé, & il renvoye Indatire sous prétexte de s'expliquer avec Hermodan.

SCENE III. Il lui apprend qui il est, & pourquoi il a fui de Perse. * Athamare, Prince du Sang Royal, épris des charmes d'Obéide, quoiqu'engagé sous les loix de l'hymen, l'y a contraint, la vertueuse Obéide elle-même l'a engagé à se retirer de la Cour. Dépouillé de tous ses biens, il fut proscrit par le complot de ses ennemis, odieux courtisans qui servirent la vengeance du Prince; car, ajoute-t-il:

C'est un crime en Médie, ainsi qu'à Babilone,
D'oser parler en-homme à l'héritier du trône.

Il s'est retiré en Scythie,

J'y voudrais être né. Tout mon regret, mon frere,
Est d'avoir parcouru ma fatale carriere
Dans les camps, dans les cours, à la suite des Rois,
Loin des seuls citoyens gouvernés par les loix.
Mais je sens que ma Fille aux déserts enterrée,
Du faste des grandeurs autrefois-entourée,
Dans le secret du cœur pourrait entretenir
De ses honneurs passés l'importun souvenir.
J'ai peur que la raison, l'amitié filiale,
Combattent faiblement l'illusion fatale,
Dont le charme trompeur a fasciné toujours
Des yeux accoutumés à la pompe des cours.

Hermodan le rassure, Sozame lui demande le secret, & Indatire (Scene IV) arrive avec transport; il dit qu'Obéide consent à se donner à lui, si Sozame l'ordonne;

---

* Cette Scene est très-belle par la peinture noble & vive des manœuvres des courtisans, de la probité du malheureux Sozame, & de la grandeur d'ame, de la fierté, de la simplicité & de l'indépendance du vieillard Scythe.

DES SCYTHES.

Sozame ne souhaite que de le voir heureux. Là dessus arrive un Scythe (Scene V.) qui apprend à Hermodan que le chef des étrangers s'informe d'un vieillard malheureux qu'il a connu en Médie. Hermodan s'écrie, & dit à Sozame:

O ciel, jusqu'en mes bras il viendroit te poursuivre!
. . . .

Il dit qu'il craint les Persans, il développe même sa pensée assez clairement pour qu'Indatire dût avoir quelques soupçons & quelques inquiétudes. Y auroit-il là quelque chose de manqué dans la situation d'Indatire? Mais cela pourroit nuire à la suite de la Pièce, & ne chicanons pas, on peut supposer qu'il est si amoureux, qu'il n'est occupé que de l'image d'Obéide. C'est ce qui fait apparemment que, moins poli que son pere, qui avoit mis un correctif à ses termes, il s'écrie brusquement.

Ouvrons en paix nos cœurs à la *pure* (*a*) allégresse.
Que nous fait *d'un Persan* la joie ou la tristesse?
Et qui peut chez le Scythe envoyer la terreur?
Ce mot honteux de crainte a révolté mon cœur.
Mon pere, mes amis, daignez de vos mains *pures*
Préparer cet autel redouté des parjures,
Ces festons, ces flambeaux, ces gages de ma foi,

(*A Sozame.*)

Viens offrir cette main qui combatera pour toi,
Cette main trop heureuse à ta fille promise,
Terrible aux ennemis, à toi toujours soumise.

Suivant les loix d'une Tragédie, le premier Acte doit

(*a*) Les mots de *pure*, *indigne*, &c. sont trop souvent répétés.

B

présenter le germe du pathétique, & ensuite faire connoître le caractère des Acteurs, au moins des principaux, afin de laisser entrevoir le nœud qui doit être formé du choc des passions.

Le point de vue que nous offre le Poëte est bien marqué, c'est le mariage d'Obéide; mais nous entrevoyons des obstacles. Nous sçavons qu'il est arrivé des Persans; depuis l'explication de Sozame & les paroles du Scythe, nous nous doutons de l'arrivée d'Athamare. Autant que nous le connoissons, il a un caractère violent, s'il vient arracher Obéide à sa retraite?.... Mais elle est promise à Indatire.... Le Prince arrivera-t-il avant ou après les vœux prononcés?.... L'intérêt commence. Il faut cependant avouer que sa cause est fort obscure, ou si elle ne l'est pas, Hermodan qui est aussi bien instruit que nous, est bien nonchalant.... Obéide aime-t-elle Athamare? car c'est là ce qui doit serrer le nœud. J'aurois voulu que le Poëte par quelque moyen nous en eût dit quelque chose; car je regarde ce qu'en a dit son pere comme des paroles en l'air. Quelle raison après quatre ans, après les sacrifices qu'a fait Obéide, quelle raison a-t-il de pleurer de crainte qu'elle s'ennuye? Si je voyois son cœur un peu plus clairement, je serois plus émû en attendant le second acte.

N. B. 1°. (Scène premiere), quand Hermodan demande à Indatire qui sont ces étrangers, apportent-ils la guerre?

INDATIRE.

Mes Braves Compagnons sortis de leurs aziles,
Avec rapidité se sont rejoints à moi,
Ainsi qu'on les voit tous s'attrouper sans effroit.
Contre les fiers assauts des tigres d'Hircanie.

Je voudrois pour la précision & la vivacité du Dialogue, (partie essentielle,) qu'Indatire satisfît son pere par un mot, permis à lui de se composer ensuite pour mettre un ordre oratoire dans ses idées. Cependant il poursuit:

Notre Troupe assemblée est *faible*, mais unie.

Cette expression, *Troupe assemblée*, ressemble bien à un pléonasme. *Faible*, ce mot ne rend pas l'idée, il falloit *peu nombreuse*.

2°. Après la relation d'Indatire, Hermodan lui dit:

Ainsi donc, mon cher fils, jusqu'en notre contrée
La Perse est *triomphante*,

Pourquoi *triomphante*? la pensée me paroît au moins bien recherchée.

3°.   HERMODAN.

Il (*Sozame*) est persécuté: la vertu malheureuse (*)
Devient plus respectable & m'est plus précieuse.
Je vois avec plaisir que du sein des honneurs,
Il s'est soumis sans peine à nos Loix, à nos mœurs,
Quoiqu'il soit dans un âge où l'ame la plus pure,
Peut rarement changer le pli de la nature.

Pourquoi l'ame la plus pure changeroit-elle le pli de la nature? Ce pli, & sur-tout dans les idées d'un Scythe, doit être un bon pli.

Encore quelques réflexions de détail.

Scene I. Dans l'éloge qu'Indatire fait d'Obéide:

Jamais aucun dégoût ne glaça son accueil.

Quelle expression!

―――――――――――――――――――――――
* M. de Voltaire a semé sa piece de traits philosophiques, & on l'y reconnoît toujours avec plaisir, il est vrai que l'action en souffre.

> & craint d'appercevoir
> Qu'elle va quelquefois *par-delà* son devoir.

Style précieux, & *par-delà* ? Il a voulu dire *au-delà du devoir*.

> . . . . la fatigue obstinée,

Quelle épithéte ! le pauvre Indatire se perd dans ses descriptions.

Scene II. Sozame dit à Indatire :

> Que ton pere aujourd'hui, pour former ce lien,
> *Traite son digne sang comme je fais le mien*.

Ce dernier Vers, me paroît de médiocre Prose.

Scene III. Hermodan dit à Sozame :

> Je ne hais point les Grands, j'en ai vus . . . .
> Je sçais que les humains sont nés égaux & freres,
> Mais je n'ignore pas que l'on doit respecter
> *Ceux qu'en exemple au peuple un Roi veut présenter*.

Je n'attendois pas cette réflexion d'un Scythe ; il veut dire apparemment qu'il faut respecter les Grands, pour apprendre par cet exemple à respecter le Roi même ; mais ce langage me paroît *par-delà* Hermodan.

Sozame dit à Hermodan. *Ibid.*

> . . . . Si je t'ai tant caché
> Mes honneurs, mes chagrins, ma chute, ma misére,
> La source de mes maux, pardonne au cœur d'un pere,
> J'ai tout perdu ; ma fille est ici sans appui,
> Et j'ai craint que le crime & *la honte d'autrui*,
> Ne *rejaillit* sur elle, & ne *flétrit* sa gloire.

Il falloit *rejaillissent*, *flétrissent*. Cette inadvertence échappée à l'Auteur des *Commentaires fur Corneille*, est-elle pardonnable ? Voilà un bien mauvais ſtyle, & voilà des raiſons qui ne diſent pas beaucoup, ſur-tout par rapport à Hermodan dont il a connu, dit-il, lui-même, *la tendre amitié*. Cette confidence me paroît un peu tardive ; mais encore un coup, c'étoit le *beſoin du Poëte*, qui par un défaut trop ordinaire ne ſe confond pas avec le beſoin de l'action.

Pour éviter les longueurs ; car j'examinerai plutôt les choſes que les mots, j'obſerverai en général qu'on découvre dans la verſification, un ſtyle diffus & proſaïque, des négligences, des répétitions, du rempliſſage, &c. c'eſt encore l'amant de Melpomène, mais amant inégal ; & il eſt à craindre qu'elle ne paye encore plus mal ſa conſtance dans la ſuite : les Muſes aiment la jeuneſſe ; je ne prétends pas louer ni blâmer leur coquetterie.

ACTE SECOND.

SCENE PREMIERE. Obéide paroît avec Sulma sa confidente.

SULMA.

Vous y resolvez-vous ?

OBEIDE.

Oui, j'aurai le courage
D'ensevelir mes jours en ce désert sauvage.
On ne me verra point, lasse d'un long effort,
D'un pere *inébranlable* attendre ici la mort,
Pour aller dans les murs de l'ingrate Ecbatane
Essayer d'adoucir la loi qui le condamne,
Pour aller recueillir des débris dispersés
Que tant d'avides mains ont en foule amassés.
Quand sa fuite en ces lieux fut par lui méditée,
Ma jeunesse peut-être en fut épouvantée,
Mais j'eus honte bientôt de ce secret retour,
Qui rappelloit mon cœur à son premier séjour.
J'ai sans doute à ce cœur fait trop de violence
Pour démentir jamais tant de persévérance.
Je me suis fait enfin dans ces grossiers climats
Un esprit & des mœurs que je n'espérais pas,
Ce n'est plus Obéide à la cour adorée,
D'esclaves couronnés à toute heure entourée,
Tous ces grands de la Perse à ma porte rempans
Ne viennent plus flatter l'orgueil de mes beaux ans.
D'un peuple *industrieux* les talens mercénaires
De mon goût *dédaigneux* ne sont plus tributaires,
J'ai pris un nouvel être, & s'il m'en a coûté

Pour *subir le travail* avec la pauvreté,
La gloire de me vaincre & d'imiter mon père,
En m'en donnant la force est mon noble salaire.

On ne peut pas mieux s'annoncer & avec de plus beaux vers, à quelques fautes près. Ce caractère soutenu avec les modifications que les circonstances doivent lui donner, peut devenir un chef-d'œuvre, il sera le mobile de tout le pathétique. Mais je n'aime pas ce mot *inébranlable*, il gâte presque tout ; voudroit-elle donc retourner en Perse pour chercher Athamare ? Seroit-ce malgré elle qu'elle reste en Schytie, & que devient ce *nouvel être*, pour l'honneur de la Philosophie, elle devroit bien lui donner un peu de consistance.

Ce n'est plus Obéide, &c. Je trouve qu'elle rappelle ses honneurs avec trop d'emphase : Quoi ! elle est à toute heure entourée de plusieurs esclaves couronnés ; pendant ce tems-là tous les Grands de la Perse rampent sur le seuil de sa porte, son *goût dédaigneux* rejette les tributs d'un peuple *industrieux* qui s'épuise pour elle ; quel fastueux tableau, & s'il étoit vrai, devroit-elle se le rappeller & le tracer si vivement, depuis qu'elle a *pris un nouvel être* ? Mais avançons.

Sa confidente Sulma, qui est bien le plus méchant petit caractère que j'aye connu, admire d'abord sa philosophie ; elle lui rappelle ensuite très-imprudemment, selon moi, le souvenir de sa patrie.

OBEIDE.

Si la Perse a pour toi des charmes trop puissans,
Je ne te contrains pas, ...
. . . .
Mais je serais barbare en t'osant proposer
De supporter un joug qui *commence à peser*.

Elle devoit le sentir moins que jamais.

Dans les lâches parens qui m'ont abandonnée,
Tu trouveras peut-être une ame assez bien née,
Compatissante assez *pour acquitter vers toi*
Ce que le sort m'enleve, & ce que je te doi.

Pour acquitter vers toi ce que le sort m'enleve. On acquitte une dette contractée envers quelqu'un, & le sort n'enleve jamais la dette.

Lâches parens. Auroit-elle donc voulu qu'ils l'eussent retenue en Perse ?

Sulma lui répond qu'elle est bien éloignée de chercher loin d'elle un bonheur *incertain* ; ce mot qui me paroît trahir les protestations de Sulma, n'a pas été observé par Obéide, à la bonne heure ; passons.

Mais je vous l'avouerai.

Dit la précieuse confidente.

. . . . Ce n'est pas sans horreur
Que je vois tant d'appas, de gloire, de grandeur,
D'un soldat de Scythie être ici le partage.

OBEIDE.

Après mon infortune, après l'indigne outrage
Qu'a fait à ma famille, à mon âge, à mon nom,
De l'immortel Cyrus un fatal rejetton,
Après la honte enfin, qu'une telle insolence
Fait toujours rejaillir sur la faible innocence,
Morte pour mon pays, & cachée en ces lieux,
Tous les humains, Sulma, sont égaux à mes yeux ;
Tout m'est indifférent ! . . .

Que la nature est vraie, sublime ! d'abord on la sent. Voilà le philosophique, le brillant, le pathétique de M. de V... L'amour au désespoir remplit l'ame d'Obéide, en déploie, pour ainsi dire, tous les ressorts, & lui fait voir du même œil tous les hommes. Ce n'est que par pure déférence pour son père, qu'elle veut préférer

férer le fils de son ami. A combien de mouvemens ne peut pas donner lieu cette déférence si bien amenée ? Quel combat ! Quels déchiremens ! lorsque l'arrivée d'Athamare dissipera ces nuages sombres, qui concentrent l'amour dans le cœur d'Obéide.

SULMA

Votre choix est donc fait ?

OBEIDE.

Tu vois l'Autel sacré
Que préparent déja mes compagnes heureuses,
Ignorant de l'himen les chaînes dangereuses,
Tranquilles, sans regrets, sans cruel souvenir.

Que ces deux vers sont beaux ! Le sentiment les a écrits.

SCENE II. Indatire arrive. Il est beau de voir avec quelle noblesse, quelle franchise un Scythe parle à sa maitresse ; cependant je n'aime pas ce trait du tableau que trace Indatire de mœurs des Scythes.

Une Fille guerrière
De son guerrier chéti court la noble carrière.

1°. Je crois qu'il devoit dire *une femme guerriere* : car pensera-t-on que les filles suivoient leurs amans à la guerre ? Le Philosophe *Hircan*, compagnon d'Athamare, nous apprendra que même dans les jeux, le jour d'un mariage, le sexe étoit exclus de la compagnie des hommes par une sévérité qui condamne les mœurs efféminées des Persans : or les Persans menoient leurs femmes à la guerre.

2°. Indatire devoit-il s'appesantir sur cette partie des mœurs Scythes, & demander ensuite à Obéide si elle préfére les mœurs aux mœurs de son Empire, lui qui a

C

dit qu'on fent trop qu'elle n'étoit point faite pour la fatigue *obſtinée*. Auſſi ſe garde-t-elle bien de répondre à cette queſtion. Sa froideur au reſte, l'embarras de ſes réponſes déſolent Indatire: cependant il ſe contente ſur ce qu'Obéide lui dit qu'elle ne ſe rappelle plus ſon ancienne gloire. Il nomme les *Perſans* qui verront, dit-il, la cérémonie. A ce mot Obéide frémit & tombe dans la plus grande agitation. Ce mouvement me paroît fort & bruſqué. Indatire eſt bien froid dans cette occaſion, *elle frémit*, dit-il, *quelle pâleur!* ne crains rien. Et Sulma lui dit plus froidement encore :

Votre pere & le ſien,
Viennent former ici votre éternel lien.

Que je hais cette Sulma !

SCENE III. Cette froide cérémonie ſe fait: dans le moment Obéide jure d'être à Indatire, *je jure d'être à lui*, ... Elle voit Athamare: Elle s'écrie:

Ciel! qu'eſt-ce que je vois!
S U L M A.
Ah! Madame.
O B E I D E.
Je meurs, qu'on m'emporte.

On l'emporte & Indatire la ſuit. Je ne ſais, mais, ou la ſituation eſt mal exprimée, ou, j'ai eu tort de la voir ſans émotion.

SCENE IV. Tous les Scythes demeurent par ordre de Sozame. Athamare avoue ſes crimes, mais il vient les réparer, il veut faire rentrer Sozame dans ſes honneurs.
. . . .
Et je ſuis aſſez grand, ſi ton cœur me pardonne.
Ton amitié, Sozame, ajoûte à ma couronne.

bon Hermodan est attendri *d'un spectacle si rare*. Tout cela est beau, la grande ame des Scythes en doit être pénétrée. Mais la connoissance d'Athamare & quelques mots que dit Sozame, devroient faire naître un incident qui pourroit gâter l'économie de la Pièce ; Hermodan sur-tout instruit du secret, devroit faire quelques réflexions. C'est donc non-seulement sans raison, mais encore bien mal à propos que Sozame a fait rester l'assemblée des Scythes.

Mais imagineroit-on comment Sozame répond à la générosité d'Athamare ? Le voici.

Tu ne me séduis point, malheureux Athamare.
Si le repentir seul avoit pû t'amener,
Malgré tous mes efforts je pourrais pardonner.
. . . .
. . . ce n'est pas pour moi que tes pleurs ont coulé.

Cette réponse me paroît déplacée. Et quand l'amour d'Athamare pour Obéide, dont il ignore la destinée (*), seroit la cause premiere de son repentir, quel mal ? Les femmes sont le lien le plus doux de la société, du moins elles paroissent destinées par la nature à rapprocher tous les hommes, & *leur ami* l'a dit avec vérité, l'homme a naturellement dans les mœurs quelque chose de dur & de farouche que l'humeur douce du beau sexe doit tempérer.

SCENE V. Athamare reste avec son confident, fort étonné de l'accueil de Sozame. Cette femme voilée qu'il a vue près de l'Autel l'inquiéte, il entre en fureur ; mais je n'aime pas ce vers précieux.

Son esclave échappé lui rapporte sa chaîne.

_____

(*) Au reste on ne voit pas pourquoi il l'ignore, puisqu'ayant parlé aux Scythes, ceux-ci on dû infailliblement l'en instruire.

Enfin il s'en va, très-offensé du refus & de la fierté de Sozame.

S'il méprise mes pleurs, qu'il craigne ma colére.

Voilà l'action engagée. Le caractère violent d'Athamare, les transports de cet amant furieux nous font craindre pour Obéide, dont nous connoissons le cœur. Nous attendons avec impatience.

DES SCYTHES.

ACTE TROISIEME.

SCENE PREMIERE. Athamare revient (*);

Quoi ! ne puis-je la voir !

Hircan, son confident, honnête homme, abondant en réflexions philosophiques, lui rappelle sans cesse qu'il se contraigne, qu'il n'est plus dans les murs d'Ecbatane.... C'est son rôle en substance. Il lui apprend qu'Obéide est mariée, sur quoi j'observerai que c'est par hasard que cela lui échappe ; il me paroît cependant que c'étoit la nouvelle intéressante à apprendre d'abord à Athamare.

ATHAMARE.
Mon cœur à ce recit ouvert *de toutes parts*,

De toutes parts est pour une plus grande expression, le style d'Athamare se ressent quelquefois de l'enflure de la fausse grandeur, du faste de la Cour Persane, c'est apparemment pour observer le costume.

Il se désole, s'accuse, se plaint, espere & n'espere plus, il s'emporte.

Elle aime sa Patrie—elle épouse Indatire !——
Va, l'honneur dangereux où le barbare aspire
Lui coutera bientôt un sanglant repentir.
C'est un crime trop grand pour ne le pas punir.

Indatire passe au fond du Théâtre à la tête d'une

(*) Je crois que l'arrivée des Acteurs au commencement des Actes choque le bon goût ; les circonstances demandent ordinairement qu'ils soient arrivés, quand nous les voyons.

troupe de guerriers; on sent combien cette passade est froide; & qu'elle rend d'une maniere mesquine les jeux guerriers du peuple Scythe.

Hircan explique tout à Athamare, il ajoute même,

Tout le sexe est exclu de ces solemnités,
Et les mœurs de ce peuple ont des sévérités
Qui pourroient des Persans condamner la licence.

Hircan philosophe assez bien, mais où est l'à propos dans l'agitation où est Athamare, aussi est-il peu écouté. Il dit à Athamare qu'il apperçoit Obéide qui marche vers la cabane de son pere, Athamare l'y envoye demander pour lui *un pardon généreux*. Que n'y alloit-il lui-même, mais il falloit qu'il restât; on va voir pourquoi. Notre lourdeau d'Hircan, qui n'est pas fait pour des messages de galanterie, passe d'un côté, tandis qu'Obéide arrive de l'autre. Elle apperçoit Athamare, & veut se retirer.

ATHAMARE.

Non, demeurez, ne vous détournez pas, &c.

Obéide se défend assez bien des sophismes de son amant, il me semble cependant qu'il manque de la force à cette Scène, & qu'on pouvoit lui en donner, en laissant moins voir à Athamare qu'il étoit aimé. Nous aurions tenu compte à Obéide de l'oppression de son cœur. Sozame arrive, elle oblige son amant à se retirer, elle l'en presse au nom de l'amour funeste qui empoisonné le reste de ses jours; elle le renvoye là-dessus, sans pressentir les effets du caractère violent de son amant. Je trouve essentiel qu'elle ne paroisse entrer pour rien absolument dans le meurtre de son mari. Le moyen de la rendre bien touchante dans ses malheurs, c'est de la rendre victime de l'amour, sans, pour ainsi dire, qu'elle en soit complice.

N. B. Dans cette Scène, Athamare dit à Obéide:

. . . .
Mais mon trône & ma vie & toute la nature,
Sont d'un trop faible prix pour payer *ton injure*.

Et dans la Scène IV. du même Acte, Obéide dit en apostrophant Athamare absent.

. . . .
Pourquoi renouvellant ma honte & *ton injure*,

Voilà deux fois *ton injure* en deux sens différens, il y a donc très-sûrement un contre-sens. Au reste, je ne dirai pas tout, j'ennuyerois mes Lecteurs, & après de mûres réflexions, je crois que M. de V... a bien dit, quand, dans sa Préface, il a présenté sa Tragédie comme une *très-faible esquisse*, & il a encore mieux dit, quand il avoue qu'il est dans une route, qu'*il ne peut plus parcourir*.

SCENE III. Sozame arrive : mais à propos qu'est devenu Hircan ? il n'est pas exact, vous verrez qu'en chemin il se sera amusé à philosopher sur les folies d'Athamare, & il aura oublié sa commission, ou bien il aura vu Obéide entrer auprès d'Athamare, & il sera allé se reposer des fatigues du voyage.

Sozame a apperçu Athamare qui sortoit, ce qui aboutit naturellement à des sermons qui impatientent Obéide ; ils se raccommodent, ensuite Sozame dit :

Je vais trouver son pere (*d'Indatire*) & préparer la fête,
Rien ne troublera plus ton bonheur qui s'apprête.

Mais qu'est-ce que cela signifie ? Tout est fort tranquille chez les Scythes, je ne vois pas pourquoi la fête n'est pas déja préparée. La foiblesse d'Obéide n'a pas été longue, & nous avons déja vû les jeux des hommes. Mais pourquoi Obéide est-elle seule le jour de son mariage?...

SCENE IV. Obéide reste avec la fine Sulma, elle lui ouvre enfin son cœur. Sulma n'en a rien sçu apparemment en Perse, & Obéide l'a caché depuis quatre ans à sa confidente : mais c'est aujourd'hui le jour des confidences, parce que c'est celui de la représentation. Sulma épuise sa rhétorique pour faire succomber Obéide à son amour.

Athamare après tout n'est-il pas votre maître ?
OBEIDE.
Non.

Mais voyez quel caractère odieux dans la Sophiste Sulma?

C'est en ses Etats que le ciel vous fit naître ;
N'a-t-il donc pas le droit de briser un lien,
L'opprobre de la Perse, & le vôtre & le sien?
M'en croirez-vous? Partez, marchez sous sa conduite;
Si vous avez d'un pere accompagné la fuite,
Il est tems à la fin qu'il vous suive à son tour.

A-t-on jamais parlé de la sorte? Si Obéide n'étoit pas aussi foible qu'elle est, l'écouteroit-elle sans imposer silence à cette bavarde? On voit que le Poëte a voulu par là faire sortir le courage d'Obéide, & lui préparer des victoires en lui ménageant des combats ; mais les raisons de sa confidente sont trop mauvaises pour qu'il y ait un grand mérite à leur résister, je crains cependant qu'elle n'y succombe : écoutez-là.

Non, ce parti seroit injuste & dangereux,
Il couteroit du sang; le succès est douteux;

Est-ce bien Obéide que j'entends, si l'on parle comme on pense, son caractere est indéfinissable.

SULMA.

Quel parti prenez-vous?

OBEIDE.

Celui du desespoir.

SULMA.

Dans cet état affreux que faire?

OBEIDE.

Mon devoir.

Quoi elle veut faire son *devoir* par *désespoir*? Non.

L'honneur de le remplir, le secret témoignage
Que la vertu se rend, *qui* soûtient le courage,
Qui seul en est le prix, & *que* j'ai dans mon cœur,
Me tiendra lieu de tout, *& même du bonheur.*

Trait sublime!

ACTE QUATRIEME.

SCENE PREMIERE. Athamare ouvre la scene avec Hircan ; il peint d'un mot la fierté Persane.

Penses-tu qu'Indatire *osera* me parler ?

Hircan qui sans doute a été frappé de son expression, lui répond :

Il l'osera, Seigneur.

ATHAMARE.
Qu'il vienne : — il doit trembler.

Hircan lui dit encore de ne rien hasarder. Mais c'est une chose curieuse de voir comment ils disputent sur le sentiment de l'amour.

ATHAMARE.
Penses-tu qu'Indatire en sa grossiéreté
Ait senti comme moi le prix de sa beauté ?
Un Scythe aveuglément suit l'instinct qui le guide ;
Ainsi qu'une autre femme il épouse Obéide.
L'amour, la jalousie & ses emportemens
N'ont point dans ces climats apporté leurs tourmens.
De ces vils citoyens l'insensible rudesse,
En connoissant l'himen, ignore la tendresse.
Il n'est que les grands cœurs qui soient dignes d'aimer. (*)

Hircan en philosophe prend le parti des Scythes.

L'univers vous dément : le ciel sait animer
Des mêmes passions tous les êtres du monde.

(*) On se doute bien que cette tirade & sur-tout ce beau vers ont été fort applaudis au Théatre François.

Si du même limon la nature féconde,
Sur un modéle égal ayant fait les humains,
Varie à l'infini les traits de ses desseins,
Le fond de l'homme reste, il est partout le même.
Persan, Scythe, Indien, tout défend ce qu'il aime.

Je ne sçais pas trop si Hircan connoissoit les Indiens : mais il n'est pas exact dans le second vers, j'aime la précision dans un Philosophe.

SCENE II. Mais voici Indatire ; cette Scène est intéressante : on y reconnoît M. de V... Un petit Maître, un rodomont se trouve aux prises avec un Scythe ; il y a peut-être des longueurs pour l'impatience du furieux Athamare ; mais je les pardonnerois presque en faveur des belles choses que dit Indatire. Athamare n'entend pas raison, & ils sortent pour se battre. Dans les Scènes suivantes on voit les situations pathétiques, dont parle M. de V... dans sa Préface. Deux vieillards, dont l'un tremble pour son fils & l'autre pour son gendre, dans le tems que le jeune Pasteur est aux prises avec la mort. Un pere affoibli par l'âge & par la crainte qui chancelle, qui tombe sur un siége de mousse, qui se relève avec peine, qui crie d'une voix entrecoupée qu'on courre aux armes, qu'on vole au secours de son fils. Un ami éperdu qui partage sa douleur & sa foiblesse, qui l'aide d'une main tremblante à se relever. Ce même pere qui, dans ces momens de frémissement & d'angoisse, apprend que son fils est tué, & qui le moment d'après apprend que son fils est vengé. Ces tableaux sont touchans, & ont fait effet.

SCENE VII. Obéide échappée dans l'*horreur du combat, vient de ces momens augmenter les horreurs.* Ces expressions me fâchent.

OBEIDE à *Hermodan.*

Ton fils vient d'expirer, j'en suis la cause unique,
De mes calamités l'artisan tirannique
Nous à tous immolés à ses transports jaloux;

Voilà qui est bien, mais

Mon malheureux amant a tué mon époux,
Sous mes yeux, à ma porte, & dans la place même
Où, pour le triste objet qu'il outrage & qu'il aime,
Pour d'indignes appas toujours persécutés,
Des flots de sang humain coulent de tous côtés.
On s'acharne, on combat sur le corps d'Indatire,
On se dispute encore ses membres qu'on déchire.
Les Scythes, les Persans, l'un par l'autre égorgés,
Sont vainqueurs & vaincus; & tous meurent vengés.

Quelle relation! Obéide auroit bien dû la laisser faire à un autre qui nous auroit instruit de sa situation. Je l'avoit toujours craint, son ame n'a jamais été assez ferme, & cette Sulma a été trop séduisante. Il me semble la connoître si bien, que je crois que nous ne la verrions pas, si elle avoit trouvé jour à s'enfuir avec son malheureux amant qui vient d'égorger son époux, dont elle se soucie trop peu. Mais voyons son ame toute entiere.

SCENE VIII. Un Scythe vient apprendre la fin du combat, Athamare est dans les fers.

OBEIDE

Lui!

Ce mot la démasque. Je veux bien qu'elle s'intéresse à son sort, elle l'aime, & je lui pardonne; mais qu'elle se souvienne de son *devoir*, son époux vient d'être égorgé par Athamare. Hélas ! il n'est plus question du pauvre Indatire. Hermodan dit qu'il sera donc vengé. Obéide entrevoit l'avenir, & prend bien vîte le parti des Persans.

. . . . . les Persans ne sont pas tous détruits.
On verrait Ecbatane en secourant son Maître,
Du poids de sa grandeur vous accabler peut-être.

Sozame qui a dit à part :

O comble de douleur & *de nouveaux ennuis !*

Dit à sa fille qu'il lui expliquera ce mystère odieux.

OBEIDE.

Ah ! laissez-moi mourir, Seigneur, sans vous entendre!

EXAMEN

ACTE CINQUIEME.

SOit qu'Obéide n'ait pas voulu être éclaircie, soit que Sozame n'ait pas voulu l'instruire, elle demande à l'être en ouvrant la scène.

HERMODAN.

As-tu chéri mon Fils?

Ecoutez & pesez sa réponse, il y a beaucoup d'art.

> Un vertueux penchant,
> Mon amitié pour toi, mon respect pour Sozame,
> Et mon devoir sur-tout, souverain de mon ame,
> M'ont rendu cher ton fils—— *mon sort suivait son sort*;
> J'honore sa mémoire, & j'ai pleuré sa mort.

Elle a pleuré sa mort, dit-elle, je ne le crois pas. Elle apprend avec horreur qu'elle doit immoler le meurtrier, ensuite elle plaide sa cause.

> Peuple, écoutez ma voix.——
> Je pourrais ajouter sans offenser vos loix,
> Que je naquis en Perse, & que ces loix sévéres
> Sont faites pour vous seuls, & me sont étrangères. (*)
> Qu'Athamare est trop grand pour être un assassin.
> Et que si mon époux est tombé sous sa main,
> Son rival opposa sans aucun avantage
> Le glaive seul au glaive, & l'audace au courage;

(*)-Depuis quatre ans, elle a pu, ce semble, en être instruite, & sçavoir à quoi elles obligeoient la femme d'un Scythe: mais il paroît qu'il y a chez elle beaucoup de dissimulation.

DES SCYTHES.

Que de deux combattans d'une égale valeur
L'un tue & l'autre expire avec le même honneur.
. . . .

Voici bien le lieu de dire la vérité. Le caractère d'Obéide, qui, comme nous l'avons remarqué doit être la source du pathétique de la Pièce est mal frappé, mal soutenu. Il y avoit cependant bien de quoi m'attendrir sur elle dans ce nouvel incident. Mais elle n'a jamais combattu son amour que foiblement, elle a toujours préféré Athamare qui a éclipsé Indatire de son cœur, & actuellement elle outrage, oui, elle outrage son époux; que devient l'intérêt?.... Disons tout : pour élever cet intérêt au plus haut degré, il falloit nous rendre Athamare intéressant, je voudrois qu'Indatire eût eu quelques torts avec lui ; mais un Roi à qui l'on fait jouer le rôle de petit maître, quitte ses Etats, & nouveau Paladin, il vient m'enlever ma femme, il me tue, & ma femme l'aime jusqu'à oser l'appeller mon rival ! oh cela n'est pas bien, Obéide.

Un Scythe répond à Obéide :

Si tu n'oses frapper . . . . .
. . . .
Il meurt dans des tourmens pires que le trépas.
Tu connais trop nos mœurs, & nous n'hésitons pas.

OBEIDE.

Et si je hais vos mœurs, & si je vous refuse!

Obéide devoit bien sentir que cette réponse étoit inutile. Enfin elle accepte, & après avoir ménagé un traité qui renvoie les Persans sains & saufs, quand les Scythes seront satisfaits, elle fait appeller Athamare qui rassure en de très-beaux vers sa main tremblante : il attend le coup de la mort ; mais l'amour conduit la main d'Obéide, elle se poignarde; Athamare veut la suivre au tombeau; mais on l'en empêche. Je remarquerai cependant que le traité est captieux & rend le dénouement un peu louche : car Obéide a juré d'immoler *cette grande victime*; dans l'esprit des Scythes attachés à leurs loix, c'est le *meurtrier* : dans son esprit, c'est elle-même. *Tu demandes vengeance*, dit-elle, à Hermodan, *Sois en sûr, tu l'auras*. Cette restriction mentale ne devoit pas beaucoup la rassurer sur la sûreté de son Amant : quoi qu'il en soit, tous les Scythes sont contens.

HERMODAN.

Nous sommes trop vengés par un tel sacrifice;
Scythes, que la pitié succéde à la Justice.

Je placerai ici une réflexion qui n'est pas hors de propos. On dit souvent : *Telle pièce à la honte des régles a fait verser des larmes ; les critiques sont à plaindre, en raisonnant leurs plaisirs, ils s'en privent, les ignorans sont plus heureux.* J'avoue que le génie peut se mettre quelquefois au-dessus des régles, quand on y trouve de l'avantage; mais méfiez-vous de cette condescendance, elle est souvent abusive; croyez que les régles ordinairement ne nous laissent rien perdre, nous pouvons être privés de quelques beautés postiches, mais le vrai génie sait bien nous en dédommager. Je remarque ensuite que dans un connoisseur la finesse & la pénétration de son goût peuvent le ravir, où vous vous ennuyez. J'avouerai encore que telle situation qui vous attendrira jusqu'aux larmes, vous, qui que vous soyez, qui faites l'éloge de l'ignorance, fera une foible impression sur un critique; mais qui est-ce qui a tort? Voyons : vous êtes attendri, parce que l'expression

d'une

d'une situation pathétique quoiqu'isolée, peut exercer la sensibilité, mais le connoisseur qui sait quel plaisir on peut goûter à ce terme terrible où conduit la gradation des sentimens pathétiques, & combien ce plaisir l'emporte sur celui que vous font éprouver ces mouvemens isolés ; le connoisseur, dis-je, qui voit cette gradation manquée, se fâche contre le Poëte. Vous-même qui ne voyez que ce qui est, sans porter votre vue sur ce qui pourroit être, vous-même y perdez beaucoup sans que vous vous en doutiez : car ce défaut d'adresse du Poëte vous a privé très-certainement d'une grande partie de l'effet de telle ou telle situation attendrissante par elle-même. C'est pourquoi la situation très-pathétique d'Obéide sur le point d'égorger Athamare, n'a pas tout son effet. D'abord il faudroit qu'Athamare fût du moins un peu intéressant, comme je l'ai remarqué, parce que cet intérêt tiendroit à celui que doit faire naître Obéide son amante ; mais il faudroit ensuite qu'Obéide n'eût pas cessé de m'intéresser. Avouez que, si cette amante infortunée, succombant moins à ses foiblesses pour Athamare, m'eût apporté presque jusqu'au dénoûment un cœur déchiré constamment par le devoir & la passion, elle attendriroit le mien d'une toute autre maniere, quand, étendant le poignard, on ignore encore qui elle va frapper, sans avoir besoin de ce fameux traité imaginaire & peu vraisemblable. Je finis. *Rien n'est plus aisé à faire qu'un mauvais Livre, si ce n'est une mauvaise critique*, dit M. de Voltaire dans l'Avis au Lecteur, qu'il a joint à sa Pièce. Je l'avoue : aussi de crainte de tromper le Public, je vendrai ma Critique à meilleur prix qu'on n'a vendu la Tragédie qui en est l'objet.

FIN

www.ingramcontent.com/pod-product-compliance
Lightning Source LLC
Chambersburg PA
CBHW060704050426
42451CB00010B/1256